CATALOGUE

DES LIVRES

COMPOSANT LA BIBLIOTHÈQUE DU

CHATEAU DE VILLIERS

DONT LA VENTE AURA LIEU

Le Lundi 12 Décembre 1859 & jours suivants

A 7 HEURES ET DEMIE DU SOIR TRÈS-PRÉCISES

RUE DES BONS-ENFANTS, 28

MAISON SILVESTRE

Salle n° 2, au premier

Par le ministère de Mᵉ **BOULLAND**, Commissaire-Priseur.
10, rue de la Monnaie.

PARIS

ANCIENNE MAISON SILVESTRE

CAMERLINCK, libraire, (successeur)

RUE DES BONS-ENFANTS, 28.

1859

ORDRE DES VACATIONS

1re Vacation. — Lundi 12 Décembre 1859.

Du numéro 1 à 142.

2e Vacation. — Mardi 13 Décembre.

Du numéro 143 à 328.

3e Vacation. — Mercredi 14 Décembre.

Du numéro 229 à 473.

On vendra 500 volumes en lots à la fin de chaque vacation.

CONDITIONS DE LA VENTE

Il y aura chaque jour de vente exposition de 1 à 3 heures.

Les livres vendus devront être collationnés sur place, dans les vingt-quatre heures de l'adjudication. Passé ce délai, ou une fois sortis de la salle de vente, ils ne seront repris pour aucune cause.

Les ouvrages qui se trouveront incomplets ou atteints de graves défectuosités seront revendus.

Les acquéreurs paieront, en sus du prix d'adjudication, 5 centimes par franc, applicables aux frais.

M. Camerlinck, libraire, chargé de la vente, remplira les commissions des personnes qui ne pourraient y assister.

(Affranchir .

CATALOGUE

DES LIVRES

DU

CHATEAU DE VILLIERS

THÉOLOGIE ET HISTOIRE DES RELIGIONS.

1. Concordantiae bibliorum sacrorum vulgatae editionis ad recognitionem jussu Sixti V. bibliis adhibitam recensitae atque emendatae opera studio Francisci Lucae Brugensis. *Antverpiae*, 1617; in-fol. v. m. Bonne édition.

2. La sainte Bible traduite en français et le latin de la vulgate à côté. *Liége*, 1701; 4 vol. in fol. fig, et cartes, v. br.

3. La sainte Bible, contenant l'ancien et le nouveau testament, traduite sur la vulgate par Le Maistre de Sacy. *Paris*, 1821; gros vol. in-8°, bas.

4. Abr. de l'hist. de l'ancien Testament. *Paris*, 1747; 10 vol. in-12, rel. v. m. fil.

5. Vindiciae librorum deutero-canonicorum veteris Testamenti, in quibus traditionis et concilii tridentini mens de eorum autoritate accurate elucidatur, auctore (Josephus Barre . *Parisiis,* 1730; in-12 v. gr.

6. Psalterii Davidis editio nova, concinnatæ per Antonium Hulsium (hébr. et lat.). *Lugduni Batavorum*, 1650; pet. in-12, v. br.

7. Les Pseaumes en forme de prières. *Paris*, 1692; in-12, mar. r. pet. fers, tr. d.

8. Novum Jesu Christi testamentum, vulgatæ editionis. Sixti V. jussu recognitum. *Parisiis, Sebasti., Martin* (au château de Richelieu, avec les caractères de Petit). 1662; in-12. tit. gr., v. br.

9. Novum Testamentum, Joannis Benedicti cura concinnatis. *Parisiis, apud Simonem Colinæum*, 1543; in-8°, mar. r. fil. (*anc. rel.*).

10. Le Nouveau Testament de Notre Seigneur en latin et en françois (en regard), de la traduction de **Michel de Marolles**. *Paris*, 1655; in-8°, v. br.

11. Les quatre Evangiles en arabe. Manus. in-fol., XVIIIe s^e.

12. Politique tirée des propres paroles de l'écriture sainte, par **Bossuet**. *Versailles*, 1818; in-8°, bas.

13. Histoires choisies ou livres d'exemples, tirés de l'écriture, des pères, des auteurs ecclésiastiques les mieux averés, avec quelques réflexions morales, suivant l'ordre des matières *Paris*, 1747; in-12, v. br.

14. Les témoins de la résurrection de Jésus-Christ, examinés et jugés selon les règles du barreau pour servir de réponse aux objections de Woolston : traduit de l'anglais, par A. Le Moine. *Paris*, 1753; in-12. *Rare*.

15. Histoire de la vie de Jésus-Christ, par Le Tourneux. *Paris*, 1717; in-12, v. br.

16. Illustratio iconographica injectorum quæ in musæis parisiis observavit Jo.-Christ. Fabricius, auctore Ant. Coquebert. 1799, 1804, 3 part. in-4°, cart. 30 pl.

17. R. P. Joan.-Stephani Menochii commentarii totius S. Scripturæ, ex optimis quibusque autoribus collecti. *Lugduni*, 1683; 2 t. en 1 vol. in-fol.

18. Les Mystères sacrez de Notre Seigneur et de la Sainte Vierge selon le cours de l'année, par le R. P. Charles de La Grange. *Paris*, 1697; 3 vol. v. br (*Rare*).

19. Absolutissima in omnes Beati Pauli et septem catholicas apostolorum epistolas commentaria. Auctore Guillelmo Estio. *Parisiis*, 1672, 2 vol. in-fol.

20. Instructions courtes et familières pour tous les dimanches et les principales fêtes de l'année, en faveur des pauvres, et particulièrement des gens de la campagne, par Joseph Lambert. *Luxembourg*, 1737; 5 vol. in-12, v. br. (*Rare*).

21. Prones de Claude Joli, sur différents sujets de morale. *Lyon*, 1705; 2 vol. in-8°.

22. Instructions courtes et familières sur le Symbole, pour
servir de suite aux instructions courtes et familières de Joseph Lambert. *Paris*, 1740; in-12, v. br.

23. Eclaircissements touchant le légitime usage de toutes les
parties du sacrement de pénitence adressez aux pasteurs
du diocèse de Tournay. *Paris*, 1680; in-12, v. br.

24. Missale Romanum. *Impr. Parisius, P. Johane kerbriant*,
M.D XVI, in-4, rel. (v. caract. goth fig.).

25. Livre d'heures en hollandais. *Gentd*, 1753, in-12, rel.
mar. r., p., fers, tr. dor., fig.

26. Breviarium parisiense. *Parisiis*, 1756; 4 vol. in-12, mar.
n. tr. dor. *Anc. rel.*

27. Missel de *Paris*. 1752, 8 vol. in-12, mar. vert. tr. dor.

28. Conversations sur plusieurs sujets de morale propres à
former les jeunes demoiselles à la piété, par P. C. *Paris*,
1752; v. br.

29. Examen critique des apologistes de la religion chrétienne
par Freret. *S. L.* 1768; in-8º, v. m

30. Réflexions sur le christianisme, enseigné dans l'église ca-
tholique, par Paul Philippe de Chaumont. *Paris*, 1692;
2 vol. in-12, v. m. *Rare.*

31. Exposition des preuves les plus sensibles de la véritable
religion, par le Père Buffier. *Paris*, 1732; in-12, v. br.

32. Hist. du livre des Réflexions morales sur le Nouveau
Testament, préface aux Hexaples, par (P. Quesnel). *Amst.*,
1726, in-4º, rel. v., port.

33. R. P. Cor. Cornelii a Lapide, commentarii an IV. evangelia.
Lugduni 1681 ; 2 t. en 1 vol. — Item, in omnes divi Pauli
epistolas commentaria. 1 vol., ens. 2 vol. in-fol. v. br.

34. Quatuor Conciliorum guneralium. Quadraginta septem
conciliorum provincialum authenticorum sexaginta pontifi-
cum, abaspostolis et eorumdem canonibus usq. ad Zacha-
riam primum Ysidoro authore *Parisiis, apud Franciscum
Regnault*, MDXXXV. 2 vol. in-4º, rel. v. Caract. goth.

35. Theologia universa ad usum S. Theologiæ candidatorum
auctore R. P. Thoma. *Nanceii*, 1759; 7 vol. in-8, br. n.
rognés.

36. Examen général de tous les états et conditions et des pechez que l'on y peut commettre, par le Sr de Saint Germain. *Paris*, 1724; 2 vol. in-12, v. br.

37. Essais de morale contenus en divers traitez sur plusieurs devoirs importans (par Nicole). *La Haye, Moetjens*, 1696; 10 vol. — Instructions sur le Décalogue. 1718; 2 vol. — Instructions sur les sacremens. 1719; 2 vol. — Sur le symbole. 1719; 2 vol. Ens. 16 vol. in-12, v. br.

38. Opera divi Cæcilii Cypriani, unà cum annotatiunculis Erasmus Roterodamus. *Parisiis, Francisci Regnault*. 1541; in-fol., v. br.

39. OEuvres spirituelles (et miracles) du père Vincent Huby. Revues par l'abbé ***. *Paris*, 1758; in-12, v. m.

40. Catéchisme (1er second) du diocèse de Meaux, par Bossuet. *Paris*, 1707; in-12, v. br.

41. Idée de la conversion du pecheur, ou Explication des qualitez d'une vraie penitence. *S. l.* 1733; 2 tom. en 1 vol. in-12, v. br.

42. Morceaux choisis de Massillon, de J. Chénier, André Chénier, Buffon. Ens. 4 vol. in-18, d.-rel.

43. Méthode courte et facile pour discerner la véritable religion chrétienne d'avec les fausses qui prennent. *Paris*, 1725; in-12, v. br.

44. Conférences ecclésiastiques de Paris sur le mariage, l'usure et la restitution. *Paris* 1748, 9 vol. in-12, rel. v.

45. Les jésuites marchands, usuriers, usurpateurs, et leurs cruautés dans l'ancien et le nouveau continent (satires). *La Haye*, 1759; in-12, v. m.

46. Ext. des assertions en tout genre que les soi-disans jésuites ont, dans tous les temps, soutenues, enseignées et publiées, etc. *Paris*, 1762; 4 vol. in-12, rel. v. (de Thou). Mém. à l'hist. génér. des jésuites. *Paris*, 1761; in-12, rel. v. — Dénonciation des crimes et attentats des soi-disans jésuites, ou Abr. chr. des stratagèmes, friponneries, etc. *Paris*, 1762; in-12, rel. v.

47. Dictionnaire théologique portatif, contenant l'exposition et les preuves de la révélation de tous les dogmes de la foi et de la morale. *Paris*, 1756; in-12, v. m.

48. Mémoires pour servir à l'histoire des égaremens de l'esprit humain par rapport à la religion chrétienne, ou Dictionnaire des hérésies, précédé d'un discours dans lequel on recherche quelle a été la religion primitive des hommes. *Paris*, 1764; 2 vol. in-8, v. m.

49. Lettres provinciales et pensées, par Blaise Pascal. *Paris*, *Lefèvre*, 1819; 2 vol. in-8, portr., d.-rel.

50. Pensées de Blaise Pascal. *Paris*, 1803; 2 vol. in-18, br.

51. Apologie des Lettres provinciales contre les P. P. jésuites, (par Louis de Montalte). *Rouen*, 1697; 2 vol. in-12, rel. Rép. aux Lettres provinciales, ou Entretien de Cléandre et d'Eudoxie; in-12, rel. v.

52. Lettres critiques, ou Analyse, et réfutation de divers écrits modernes contre la religion. *Paris*, 1755; 19 vol. in-12, rel. v.

53. Discours sur l'hist. ecclésiastique, par (Fleury). *Paris*, 1708; in-12, rel. v. Aux armes.

54. Calvin. Institutiones christianæ. *Leide*, 1654; in-fol., v. f. *Edit. Elzevir*.

55. Les vies des saints, comp. sur ce qui nous est resté de leur hist. *Paris*, 1724; 4 vol. in-fol., rel. v. (fatig.).

56. La vie du Père Charles de Condren, de la Congrégation de l'Oratoire de Jésus. *Paris*, 1643; in-4, v.

57. Les véritables actes des martyrs, par (Th. Ruinart). *Paris*, 1739; 2 vol. in-12. Vie de Pélage, 1751; in-12, v.

58. Conformité de la discipline ecclésiastique des protestans de France avec celle des anciens chrétiens. *Quevilly*, 1678; in-4, rel. v.

59. La discipline ecclésiastique des églises réformées de France. *Amst.*, 1710; in-4, rel. v.

60. Hist. de l'origine et du progrès des revenus ecclésiastiques, par (J. Acosta). *Francfort*, 1703; in-12, rel. v. Lettres : « Ne ripugnate vestro bono, et hanc spem dum ad verum pervenitis, abite in animis. Libenterque meliora excipite et opinione ac voto juvate. » *Londres*. 1750; in-12, rel. v.

JURISPRUDENCE.

61. Traité philosophique des loix naturelles de Cumberland, trad. par Barbeyrac. *Amst.*, 1744 ; in-4, front. gr., v. m.

62. Le droit de la nature et des gens, par J. Barbeyrac. *Amst.*, 1712 ; 2 vol. in-4, rel. v.

63. Élémens de législation naturelle, par Perrau. *Paris*, 1807. — Nova juris civilis romani elementa. 1809; 1 vol. ens. 2 vol. in-8.

64. Principes du droit naturel, par Burlamaqui. *Paris*, 1791, in-8, d.-rel.

65. Elém. du droit naturel et devoirs de l'homme et du citoyen, par Burlamaqui, trad. par Barbeyrac. *Paris*, 1820 ; in-8 br. — Catéchisme du citoyen en France. 1788 ; in-8 br.

66. Les Loix ecclésiastiques de France, par L. de Héricourt. *Paris*, 1756 ; in-fol., rel. v.

67. Corpus juris civilis, cum notis D. Gothofredi. *Paris*, *Vitray*, 1827 ; 2 vol. in-fol., gr. pap.

68. Corpus juris civilis academicum. *Coloniæ*, 1789 ; 2 t. en 1 vol. in-4, bas.

69. Nouvelle traduction des Institutes de l'empereur Justinien, par Claude-Joseph de Ferrière. *Paris*, 1787 ; 7 vol. in-12, bas.

70. Institution. Justiniani. In-4, rel. v. f. (Beau vol. manusc.)

71. Vinnii Justiniani Institutio. *Parisiis*, 1698; 2 vol. in-12, rel. v. Trad. des Institutes de Justinien, par de Ferrière. *Paris*, 1750, 6 vol. in-12, rel. v. — Du même, Hist. du droit romain. *Paris*, 1743 ; in-12, rel. v. — Règles du droit françois, par Poquet Claude. *Paris*, 1756 ; in-12, rel. v. — Analyse du droit françois. *Paris*, 1757 ; in-12, rel. v.

72. Nova et methodica juris civilis tratatio., seu nova et methodica paratilla in quinquaginta libros digestorum, auctore Claudio Josepho de Ferrière. *Parisiis*, 1769 ; 2 vol. in-12, d.-rel.

73. Dictionn. des formules, par Paul Dupont. *Paris.* 1839 ;
in-8 br.

74. Institution au droit françois, par Argou. *Paris*, 1773 ;
2 vol. in-12, v. m.

75. Institutes de droit civil français, conformément aux dispositions du Code Napoléon, par Delvincourt. *Paris.* 1808 ;
3 vol. in-8 bas

76. Répertoire univ. rais. de jurisprudence publ., par Guyot.
Paris, 1785 ; 17 vol. in-4 cart.

77. Cours de Code civil, par Delvincourt. *Paris*, 1819 : 3
vol. in-4 cart.

78. Coll. et dict. relat. à la jurisprudence, par Denisard.
Paris, 1765 ; 4 vol. in-4 rel. Le même, 1771 ; 4 vol. in-4
rel. — Recueil de jurisprudence civile et coutumier, de
Guy du Rousseaud. *Paris*, 1753 ; in-4 rel.; ens. 9 vol.

79. Les Loix civiles, par Domat. *Paris*, 1745 ; 2 t. en 1 vol.
in-fol., rel. en v.. — Supp. aux Loix civiles, par L. F. de
Jouy. 1756; in-fol., dem. rel.

80. La pratique univ. pour la rénovation des terriers et des
droits seigneuriaux, par Edme de La Poix. *Paris*, 1762 :
6 vol. in-4 rel

81. Formulaire municipal, ou rec. complet de toutes les formules d'actes qu'on peut rédiger dans une mairie, par
Miroir. *Grenoble*, 1829 ; 5 t. en 8 vol., in-8 br.

82. Code rural, ou Recueil chronologique. *Paris*, 1792 ; in-8
br. — Code rural sur les biens de campagne. *Paris*, 1762 ;
2 vol. in-12 rel. v.

83. Essai sur la justice universelle ou les sources du droit,
par François Bacon. *Paris*, 1806 ; in-12, d.-rel.

84. Discours du chancelier d'Aguesseau, nouvelle édit. aug.
de ses instructions à son fils. *Paris*, 1810 ; 2 vol. in-12,
portr., bas., fil.

85. Tr. gén. des biens et affaires des communautés, par
Edme de La Poix. *Paris*, 1760 ; in-4. — Dict. de la police,
(du même). *Paris*, 1758 ; in-4 rel. — Tr. des fiefs, par
Cl. Pocquet. *Paris*, 1756 ; in-4. Réglem. du conseil.
1786 ; in-4 ; ensemble. 4 vol. rel.

86. Dict. des domaines et droits domaniaux. *Rouen*, 1772;
3 vol. in-4, rel. v.

87. Tr. de la vente des immeubles, par Héricourt. *Paris*,
1652; 2 t. en 1 vol. in-4, rel. v.

88. Le droit commun de la France et la coutume de Paris,
par Fr. Bourjon. *Paris*, 1747, 2 vol. in-fol., rel. v.

89. Nouv. coutumier gén. et part. de France et des provinces, par Ch. Bourdot de Richebourg. *Paris*, 1724; 4 vol.
in-fol., rel. v.

90. Conf. des ordonnances de Louis XIV, par Boznier. *Paris*, 1755; 2 vol. in-4 rel. — Procès-verbal du confér., en
1667-70. *Paris*. 1709; in-4 rel. — Édits, arrêts, déclara-
tions en 1771. 2 vol. in-4. rel. Ensemble, 5 vol.

91. Code Louis XV, avec tables chronol. *Paris*, 1758; 12
vol. in-12, rel. v.

92. L'Esprit des ordonnances de Louis XV, par Sallé. *Paris*,
1759; in-4, rel. v.

93. La vérité sur l'administration de la justice, par J.-B.
Selves. *Paris*, in-8 br., fig. — Princip. de jurisprudence
française (des personnes et des choses), par Boulaye. *Paris*, 1819; 2 vol. in-8 rel.

94. Les OEuvres et défenses de M. Fouquet, ministre d'Etat.
Paris, 1696; 15 vol. in-8, rel. v.

95. Plaidoyers et Mémoires (Collection de). Env. 60 vol.
in-8 br., div.

SCIENCES ET ARTS.

PHILOSOPHIE, MORALE, POLITIQUE, ÉDUCATION, ETC.

96. Histoire abrégée de la Philosophie moderne, par Hip-
peau. 1833, 1 vol.—Inductions morales et physiologiques,
par Kératry. 1818, 1 vol. Ensemble 2 vol. in-8°, bas.

97. Analyse de la philosophie du chancelier François Bacon.
Amsterd., 1755; 3 vol. in-12, v. gr.

98. Considérations physiques et morales sur la nature de
l'homme, ses facultés. etc., etc., par Perreau. *Paris*. 2
vol. in-8, d.-rel.

99. Système social, ou principes naturels de la morale et de la politique, avec un examen de l'influence du gouvernement sur les mœurs, par le baron d'Holbach. *Londres*, 1773 ; 3 vol. in-12, v. m.

100. Traité du vrai mérite de l'homme, par Le Maître de Claville. *Paris*, 1740 ; 2 vol. in-12, rel. v.

101. De l'homme, de ses facultés physiques et intellectuelles, de ses devoirs et de ses espérances, par David Hartley ; traduit de l'anglais, avec des notes par Sicard. *Paris*, 1802 ; 2 vol. in-8, bas.
Envoi autographe du traducteur.

102. Les Devoirs de l'homme et du citoyen, traduits du latin de Pufendorf, par Jean Barbeyrac. *Amsterd.*, 1735 ; 2 vol. in-8, portr , v. m.

103. De l'Homme, de ses facultés intellectuelles et de son éducation. Ouvrage posthume d'Helvetius. *Londres*, 1776 ; in-8, v. m.

104. De l'Esprit (Helvetius). *Paris* 1758 ; in-4, rel. v.

105. De l'Esprit, par Helvetius. *Londres*, 1776 ; 4 vol. in-8, portr., v. f. fil.

106. De l'Esprit (par Helvetius). *Paris*, 1776 ; in-8, v. m.

107. OEuvres complètes de Fréret, augmentées de plusieurs ouvrages inédits, et rédigés par de Septchènes. *An IV* ; 20 vol. in-18, d. rel.

108. OEuvres de Dumarsais. *Paris*, 1797 ; 7 vol. in-8, bas.

109. OEuvres de Fréret (Lettres à Eugénie, etc). *Londres*, 1787 ; 5 vol. in-8, bas.

110. De l'usage et de l'abus de l'esprit philosophique durant le XVIII siècle, par J.-E. Portalis, précédé d'un essai sur l'origine et le progrès de la littérature française et de la philosophie, par le comte Portalis. *Paris*, 1827 ; 2 vol. in-8, portr., bas. fil.

111. Réflexions hazardées d'une femme ignorante qui ne connoît les défauts des autres que par les siens, et le monde que par relation et par oui-dire. *Amsterd.*, 1766 ; in-8, v. m.

112. Essai sur les facultés de l'âme, par Fabre. 1787, 1 vol. — Idéologie proprement dite, par Destutt de Tracy, 1 vol. — Système de la nature, ou les lois du monde physique

et du monde moral, par le baron d'Holbach, avec des notes par Diderot. 1822, 4 tomes en 2 vol. ; ensemble 4 vol. in-12, d.-rel.

113. Logica metaphis. Editée par Rolland. 1752, 3 vol. in-4, rel. v. (Beau manuscrit.)

114. Esprit de Leibniz, ou recueil de pensées choisies sur la religion, la morale, l'histoire, la philosophie, etc., par Emery. *Lyon*, 1772; 2 vol. in-12, v. m.

115. Le Génie de M. Hume, ou analyse de ses ouvrages. *Londres*, 1770; in-12, v. éc. fil.

116. Précis de la philosophie de Bacon, par J.-A. de Luc. *Paris*, 1802; 2 tom. en 1 vol. in-8, d.-rel.

117. OEuvres philosophiques de D. Hume, traduites de l'anglais. *Londres*, 1788; 6 tom. en 5 vol. in-12, v. éc. fil.

118. Théorie des sentiments moraux, trad. de l'anglais de Smith, par l'abbé Blavet. *Paris*, 1774; 2 tom. en 1 vol. in-12.

119. Les Apophtegmes des anciens, tirez de Plutarque, de Diogène Laerce, d'Elien, d'Athénée, de Stobée etc., de la trad. de Nicolas Perrot d'Ablancourt. *Paris*, 1664, in-12, v. fauve.

Dans le même volume : *les Stratagemes de Frontin, avec un petit Traité de la bataille des Romains, de la traduction du même auteur.*

120. Pratique de la mémoire artificielle, pour apprendre et pour retenir l'histoire et la chronologie universelle, par le P. Buffier. *Paris*, 1748; 2 vol. in-12, v. m.

121. Pensées du comte d'Oxenstiern. 1744, 2 vol. — Principes de morale, par Formey. 1762, 2 vol. — Pensées philosophiques de Voltaire. 1766, 2 vol.; ensemble 6 vol. in-12, v. m.

122. La Morale et la Politique d'Aristote, trad. du grec par Thurot. *Paris*, 1823; 2 vol. in-8, portr., bas fil.

123. De la Vie et de la Mort, par Rémy. *Paris*, 1847; in-8 br. — Diss. des signes de la mort, et l'abus des enterrements, par Winflom Bénigne. *Paris*, 1742; in-12, rel. v.

124. La Jouissance de soi-même; le Tableau de la Mort; la Grandeur d'âme; Éducation de la noblesse; Lettres à une morte; l'Univers énigmatique; les Caractères de l'amitié;

le cri de la Vérité contre la séduction du siècle; le Langage de la religion; le Chrestien du temps; le Langage de la raison; Vie du cardinal de Bérulle; l'Agriculture selon la règle des anciens, etc., par le marquis Caraccioli; formant 12 vol. in-12, rel. v. (Belle condition.)

125. L'Ordre naturel et essentiel des sociétés politiques (l'intérêt des commerçants), par Le Mercier de la Rivière. *Londres*, 1767; 2 vol. in-12, v. m.

126. Essai sur l'histoire de la société civile, par Adam Fergusson; trad. de l'anglais par Bergier. *Paris*, 1783; 2 vol. in-12, bas.

127. La Politique du chevalier Bacon. *Londres*, 1740; in-12, rel. v.

128. Il Cortegiano del conte Baldesar Castiglione. *In Lyone*, 1550; in-12, rel. v.

129. L'Esprit raisonnable; curieux manuscrit. In-4, rel. v.

130. Traité d'économie politique, par le comte Destutt de Tracy. *Paris*, 1823; in-12, d. rel.

131. Économie politique, ou Principes de la science des richesses, par Joseph Droz. *Paris*, 1829; in-8 br. — Défense de l'usure, ou Lettres sur les inconvénients des lois qui fixent le taux de l'intérêt de l'argent, par Jérémie Bentham, trad. de l'anglais, suivi d'un mémoire sur les prêts d'argent, par Turgot. *Paris*, 1828; in-8, ensemble 2 vol.

131 bis. — OEuvres philosophiques de Descartes, publiées d'après les textes originaux, par Aimé Martin. *Paris*, 1841; gr. in-8, br.

132. L'Anti-Financier, ou Relevé de quelques-unes des malversations, etc. *Amsterd.*, 1773; in-8, rel. v., fig. — Administration des finances, par Necker. 1784, 3 vol. in-8 br. — Mémoire sur les finances, par Bordeaux. *Amsterd.*, 1758; 4 vol. in-12, rel. v. — Histoire de l'ad. de lord North, des finances en Angleterre, 1770-82. *Londres*, 2 vol. in-8 br. — Le Réformateur. *Amsterd.*, 1756; 2 part. en 1 vol. in-12 rel. — Des Finances sous l'abbé Terrai. *Londres*, 1776; in-12, rel. v.

133. L'Esprit de Necker. *Londres*, 1788; in-8, v. éc. fil.

134. Recueil des lettres circulaires, instructions, programmes, discours et autres actes publics émanés de François de Neufchâteau. *Paris, an VII;* 2 vol. in-4, cart.

135. OEuvres diverses de Cérutti. *Paris, 1792;* 2 vol. in-8, bas.

136. Dictionnaire universel de Commerce, par J. Savary des Bruslons. *Paris, 1723;* avec suppl. de 1730; 3 vol. in-fol., rel. v.

137. Essai général d'éducation physique, morale et intellectuelle. *Paris, 1808;* in-4, d.-rel

138. Essai sur l'instruction des aveugles, par Guillié. *Paris, 1817;* in-8 br., fig.

139. L'Education progressive, ou Etude du cours de la vie, par Mme Necker de Saussure; précédée d'une notice sur la vie et les écrits de l'auteur. *Paris, 1844;* 2 vol. in-12, d.-rel. mar. r.

140. Enseignements d'Isocrates et Xénophon, autheurs anciens très excellents, au roy Charles IX. *Paris, 1568;* in-4, rel. v.

141. Essai d'éducation nationale, ou Plan d'études pour la jeunesse, par de la Chalotais. *Paris, 1825 ;* in-12, bas.

142. Mémoire sur les hôpitaux de Paris, par Tenon. *Paris, 1788,* in-4, d.-rel., fig.

HISTOIRE NATURELLE, AGRICULTURE, MÉDECINE, ETC.

143. Encyclopédie portative d'hist. naturelle, etc. Ensemb. 8 vol. in-18, br., figures.

144. Le spectacle de la nature, ou Entretiens sur les particularités de l'histoire naturelle, etc., etc. *Paris, 1789;* 9 vol. in-12, v. m.

145. Rapport historique sur les progrès des sciences naturelles depuis 1789 et sur leur état actuel, par Cuvier. *Paris, imprimerie impériale, 1810;* in-8, br.

146. Buffon. Histoire naturelle, générale et particulière avec la description du cabinet du roy. *Paris, 1752 et suiv.;* 32 tom. en 31 vol. — Supp., 14 vol. — Minéraux, 9 vol. — Poissons, 11 vol. — Oiseaux, 18 vol. — Cétacés, 2 tom. en 1 vol. — Serpens, 4 vol. Ens. 77 vol. in-12, v. br.
Bon exemplaire en ancienne reliure.

147. La génération de l'homme, ou Tab. de l'amour conjugale, par (N. Vénette). *Londres*, 1751; 2 vol. in-12, v. f., fig.

148. Recherches sur les ossements fossiles, où l'on rétablit les caractères de plus. animaux dont les révolutions du globe ont détruit les espèces. *Paris, Dufour et d'Ocagne*, 1825-26; 5 vol. gr. in-4, fig., publ. en 7 livr., papier vél.

149. Sur les eaux thermales de Bourbonne-les-Bains, par (Ballard) *Paris*, 1831; in-8, br., fig. — Le transport des eaux de Vichy, par (Tardy). *Moulins*, 1755; in-12, v. — Des métaux et des minéraux, par (Chambon). *Paris*, 1750; in-12, v. m. — L'art de découvrir les sources, par Tournier. *Paris*, 1850, br. — Eaux minérales de Chateldon, etc., par Desbrest. *Moulins*, 1778; in-12, br.

150. Diverses brochures de B. G. Sage, de l'Académie royale des sciences. Ens. 44 br. in-8. *Rares*.

Savoir : Traité des Pierres précieuses. — Probabilités physiques. — De la Conduite tenue envers moi. — Analyse du Lait de vache. — Expériences sur l'Eau de mer. — Propriétés du Tabac et Analyse de la Poudrette. — Effets de la Poudre et des Trombes, etc., etc.

151. Dict., lettres, et manuel de botanique. 4 vol. in-12, rel.

152. Museum ornithologicum, exhibens enumerationem et descrip. avium, auct. D. Chr. Schaeffer. *Ratisbonnæ*, 1778; in-4, fig. color., cart.

153. Elementa ornithologica auct. Jac. Christ. Schaeffer. *Ratisbonnae*, 1779; in-4, 70 pl. *color.*, cart.

154. Hist. des insectes nuisibles à la vigne et part. de la pyrale, par V. Andouin. *Paris, Fortin, Masson*, 1842; gr. in-4, d.-rel., fig. color.

155. Mém. de l'hist. des insectes, par (de Réaumur). *Amst.*, 1741; 6 tom. en 12 vol. in-12, br., fig.

156. Elementorum entomologicorum edit. IIIe, cum appendice Jac. Christ. Schaeffer. *Ratisbonnæ*, 1780, gr. in-4, et 39 pl. color., cart.

157. Traité sur les haras, par (Montchal de Barentin). *Paris*, 1807; in-8, br. Instr. sur l'amélioration des chevaux en France. *Paris*, in-8, br. Pharmacie vétérinaire, par Lebas. *Paris*, 1836; in-8, br.

158. Hist. abr. des insectes, par Geoffroy. *Paris*, 1799, an VII; 2 vol. in-4, d.-rel., avec supp., fig. color.

159. Cours complet d'agriculture, par (Rozier). *Paris*, 1797, 12 vol. in-4, rel. bas., fig.

160. Manuel d'agriculture pour le laboureur, pour le propriétaire et le gouvernement, par (Lasalle de l'Etang). *Paris*, 1764 ; in-8, br., fig.

161. Dict. œconomique dont div. moyens d'augmenter son bien et de conserver sa santé, par (Noël Chomel). *Paris*, 1740. Supp. Ensemb. 4 vol. in-fol., rel. v.

162. Flore des environs de Paris. *Paris*, 1803 ; 2 vol. in-8, dem.-rel., fig. Flore parisienne, par Bautier. *Paris*, 1839 ; in-18, br.

163. Flore du Dauphiné, par (A. Mutel). *Grenoble et Paris*, 1830 ; 2 vol. in-12, br., fig.

164. Manuel des plantes médicinales, par (de Gautier). *Paris, Audot*, 1822 ; in-12, br.

165. La novelle maison rustique, économie de tous les biens de campagne. *Paris*, 1762 ; 2 vol. in-4, rel. v., fig.

166. La petite maison rustique, ou Cours théorique et pratique d'agriculture, d'économie rurale et domestique, d'après Rozier, Parmentier, etc. *Paris*, 1805 ; 2 vol. in-8, fig., d.-rel.

167. Le bon jardinier, années 1827 et 1840 ; 2 vol. in-12, br. et rel., fig.

168. Nouv. traité de la taille des arbres fruitiers, par Réné Dahuron. *Paris*, 1719 ; in-12, v. — Le jardinier solitaire de la culture des arbres ; in-12, 1738. — L'école du jardin potager. 1752 ; 2 vol. — La maison de campagne, par Adanson Aglaé. *Paris*, 1836 ; 2 vol. in-12, cart.

169. L'art de faire le vin, par (Chaptal). *Paris*, 1819; in-8, br. — Tr. de la distillation, par (Dejean) *Paris*, 1811 ; 2 vol. in-12, br.

170. Tr. de vinification, ou Art de faire du vin, par (Dubief). *Paris*, 1845 ; in-8, br., fig.

171. Médecine domestique, par (Buchan). *Paris*, 1783 ; 5 vol. in-8, rel. v.

172. Dict. universelle de drogues, par (Lemery). *Paris*, 1759 ; in-4, rel. v., fig. (Du même), Cours de chimie ; in-4, rel. v., fig. (Du même), la Pharmacopée univ. *Paris*, 1763 ; in-4, rel. v., fig.

173. Les maladies des pommes de terre, des blés, des vignes,
etc., par (de Payen) *Paris*, 1853 ; in-12, br., fig. — Manuel des champs, 1765. L'agronome, dict., 1760 ; 2 vol.
Mém. sur la Culture.

174. Sur les découv. de l'eau vulnéraire de Comère, par
(P. Duchaus). *Londres*, 1774 ; in-8, mar. v. (Aux armes.)

175. Entretiens, observations, principes, traité de physique,
par Bignault, Chambon et autres. Ensemb. 12 vol. in-12 :
rel. v.

176. Notions de philosophie, de droit et d'hygiène pratique,
par Théry, Grün et le Dr Isid. Bourdon. *Paris*, 1844 ; gr.
in-8, br.

177. Manuel du dentiste, par (Maury). *Paris*, 1822 ; in-8, br.
La médecine sans médecin, par (de Rouvière). *Paris*,
1827 ; in-8, br. Tr. des affections vaporeuses, par (Pomme).
Lyon, 1767 ; in-8, rel. v.

178. Des maladies de l'utérus, ou de la Matrice, par (Nauche).
Paris, 1716 ; in-8, br. — Des maladies des femmes, par
(Chambon). *Paris*, 1784 ; 2 vol. in-12. — Manuel des
jeunes mères, par (Léger). *Paris*, 1825 ; in-8, br. — Guide
des mères, par (Carault). *Paris*, 1828 ; in-18, br. — Syst.
de la femme, par (Roussel). *Paris*, 1775 ; in-12, rel. v.

ART ET BEAUX-ARTS.

179. Récréations mathématiques. par Ozanam. *Paris*, 1750 ;
4 vol. in-8, m. v., fig.

180. Nouveau cours de mathématique à l'usage de l'artillerie
et du génie, par Belidor. *Paris*, 1725 ; in-4, rel., v. pl.

181. Eléments de mathématiques, par Rivard. *Paris*, 1752 ;
in-4, rel. v. pl.

182. Eléments de mathématiques, par Rivard. *Paris*, 1752 ;
in-4, fig. v. m.

183. Rapport historique sur le progrès des sciences mathématiques depuis 1789, et sur leur état actuel, par Delam
bre. *Paris, imprimerie impériale*, 1810 ; in-8 br.

184. Nouveau système de chimie organique, par F.-V. Ras-
pail. *Paris*, 1833 ; in-8 br., fig.

185. Essai, lettres ; recherches sur l'électricité, par Nollet. *Paris*, 1749-53 ; 3 vol. Leçons de physique, l'art des expériences, 8 vol Ensemble, 11 vol. in-12, rel. v.

186. Premiers éléments de physique expérimentale, par J.-B. Biot. *Paris*, 1817 ; 2 vol. in-8, d.-rel. fig. Cours de physique, par Beudant. *Paris*, 1815 ; in-8, rel., fig.

187. Joan.-Bapt. Portael, Magia naturalis. *Lugd. Batavorum*, 1644 ; in-12, rel. vél.

188. Dictionnaire de chimie, par Vauquelin. *Paris*, 1826 ; in-12 br., fig. Lettres sur la chimie, par Liebig-Justus. *Paris*, 1845 ; in-12 br.

189. La statique ou la science des forces mouvantes, par Pardiès Ign. Gast. *Paris*, 1673 ; in-12, v. fig. — Gnomonique, ou méthode pour tracer les cadrans solaires, par Garnier. *Paris*, 1773 ; in-8, rel. v., fig. — L'art de faire les cadrans, par Rivard. *Paris*, 1767 ; in-8, rel. v., fig.

190. Essai sur les machines hydrauliques, par Ducrest. *Paris*, 1777 ; in-8, rel. v., fig.

191. Traité de la mécanique, par l'abbé Marie. *Paris*, 1774 ; in-4. d.-rel., pl. Amusements mathématiques. 1749. Mathématique, optique. 1764-78 Ensemble, 5 vol. in-8, rel. v., fig.

192. Traité des instruments astronomiques des Arabes, composé au XIIIᵉ siècle, par Aboul-Hassan-Ali, de Maroc, traduit de l'arabe, par J.-J. Sédillot, et publié par L.-Am. Sédillot. *Paris, imprimerie royale*, 1825 ; 2 vol. in-4, br. Nouvelles Recherches sur l'Astronomie chez les Arabes, par le même. — Introduction au Traité d'Astronomie , 2 br.

193 Annuaire du bureau des longitudes. Ensemble, 18 vol. 1804 à 1840, mais avec quelques lacunes.

194. Manuel de l'artificier. *Neufchâtel*, 1755 ; in-8 br.

195. L'Arpenteur forestier, par Guiot. *Paris*, 1764 ; in-8, rel. v., fig. — Méthode pour lever les plans, par Lecoq. *Paris*, 1813 ; in-8 br., fig. — L'art de lever les plans, par Mastaing. *Dijon*, 1824 ; in-12 rel. — Manuel chronométrique, par Ant. Janvier. *Paris, Didot*, 1821 : in-12, d.-rel., fig.

196. Mélanges sur les beaux-arts, par N. Ponce. *Paris*, 1826 ; in-8 br., port. Dictionnaire des beaux-arts, par Lacombe. *Paris*, 1752 ; in-12, rel. v.

197. Histoire de l'art chez les anciens, par Winckelmann. Paris, 1789; in-8, t. 3, contenant les pl. de l'ouvrage.

198. Essais sur l'histoire des belles-lettres, des sciences et des arts, par Juvenel de Carlencas. *Lyon*, 1744; 2 vol. in-12, v. m.

199. Traité d'architecture, par P. Nativelle. *Paris*, 1729; 2 vol. grand in-fol., rel. v., fig.

200. Discours touchant le point de veue, dans lequel il est prouvé que les choses qu'on voit distinctement ne sont veues que d'un œil, par Séb. Leclerc. *Paris*, 1679; in-12.

201. Pratiques de la géométrie sur le papier et sur le terrain, par Sébastien Leclerc. *Paris*, 1716; in-12, rel. v., fig. grav.

202. La Science des ombres rapp. au dessin; le dessinateur au cabinet et à l'armée, par Dupain. *Paris*, 1750; in-8, rel. v., fig.

203. Trigonométrie, manuscrit in-4, rel. Livre contenant plusieurs traités : l'arpentage, les cadrans, les principes du blason, etc. Manuscrit in-8, v.

204. Règle des cinq ordres d'architecture, par Jacques Barozzio de Vignole, avec l'ordre françois et un petit traité de la coupe des pierres de charpente, de menuiserie et serrurerie. *S. l. n. d.*; in 4º, cart. pl.

205. L'art d'appareil; de l'architecture nécessaire aux architectes, etc., par Menand. *Paris*, 1756; 6 part. en 1 vol. in-4 br., fig.

206. Manière de bien bastir pour toutes sortes de personnes; le moyen d'élever des bâtiments, d'y faire tous les ornements; élévation des plus beaux édifices de France, par P. Le Muet. *Paris*, 1681, in-fol., rel. v., fig.

207. Descr. des projets et de la construction des ponts de Neuilly, de Mantes, d'Orléans, etc., par Perronet. *Paris. imp. royale*, 1782; 2 vol. gr. in-fol., rel. v. fil., tr. dor., fig. (Bel exempl.).

208. Règle artif. du temps; traité de la division des horloges et des montres, par H. Sully. *Paris*, 1737; in 12, rel. v., fig.

209. Recueil des plans, coupes et élévations de l'hôtel-de-ville de Rouen, par Le Carpentier. *Paris*, 1758; in-fol. br., fig.

210. Traité de la coupe despierres, par de La Rue. *Paris, imp. royale,* 1728; in-fol., rel. v., fig., pl.

211. Les Travaux de Mars, ou la Fortification, par Al. Man. Mallet. *Paris,* 1671; in-8, plans et fig. La force de Vulcain, machine de guerre; tr. sur les canons, par Saint-Jullien. *La Haye,* 1710; in-8, fig. 2 parties réunies en in-8, rel. v. Fortification, par Le Blond. *Paris,* 1742; in-12, rel. v., fig.

212. Traité des cinq ordres d'architecture, selon la méthode s. d. par Vignole. In-8 rel. v., fig. (vol. manus.). Architecture pratique, par Bullet *Paris,* 1768; in-8, rel., fig. — Essai sur l'architecture. *Paris,* 1753; in-12, rel. v.

213. Ecole d'architecture rurale, par Fr. Cointereaux. *Paris,* 1792; in-8, d.-rel., pl. et fig.

214. La Perspective pratique de l'architecture, par L. Bretez. *Paris,* 1751; in-fol., rel. v., fig.

215. Traité du beau essentiel dans les arts; traité de l'architecture, de Le Clerc. 1714; in-4, fig. (t. 2). A la fin du vol. fig. représentant des ornements : dessus de portes, cheminées, candélabres, consoles, etc.

216. Plan manuscrit du château de Versailles. In-4 oblong, fig.

217. Mémoires historiques relatifs à la fonte et à l'élévation de la statue équestre de Henri IV sur le terre-plein du Pont-Neuf, par Ch.-J. Lafolie. *Paris,* 1819; in-8, fig. br.

218. Tableaux détaillés des prix de tous les ouvrages de bâtiments, contenant la maçonnerie, la charpente, la couverture, menuiserie, serrurerie, peinture, marbrerie, vitrerie, papier de tenture, grillage, etc., par Sm. Morisot. *Paris,* 1820; 7 t. en 8 vol. in-8 br., fig.

ART GYMNASTIQUE, CHASSE ET PÊCHE.

219. Le parfait Mareschal sur la connaissance des chevaux, par de Sollexsel. 1744, 2 vol in-4, rel. v., fig.

219 bis. Les cinq Ordres d'architecture, par Vignole; morc. de menuiserie, d'ornements, etc. *Paris*, in-8 br., fig. grav.

220. Amusements des dames dans les oiseaux de volière, par Buchoz. *Paris*, 1782; in-12, rel. v. — Traité des oiseaux de basse-cour et du lapin domestique. *Paris*, 1821; in-12 br. — Le Pêcheur françois, par Kresz. *Paris*, 1830; in-12 br., fig.

221. Ecole de cavalerie, cont. la connais. du cheval, par La Guérinière. *Paris*, 1736; 2 vol. in-8, rel. v., fig.

222. Code des chasses, ou nouv. Tr. du droit des chasses. *Paris*, 1764; 2 vol. in-12, rel. v.

223. Art de faire éclore et d'élever en toute saison des oiseaux domestiques de toutes espèces, par de Réaumur. *Paris, Imprimerie Royale*, 1751; 2 vol. in-12., v. m., planches.

224 Dons de Comus, ou l'art de la cuisine. *Paris*, 1742; 3 vol. in-12, rel. v. — Du Maître d'Hôtel confiseur. *Paris*, 1788; in-12 rel., fig.

225. Le parfait Cocher, ou l'art d'entretenir et conduire un équipage en ville et en campagne. *Liége*, 1777; in-12 br., fig.

226. Manuels du chasseur, chimie amusante, économie domestique, du pêcheur, du peintre, de physique, du vétérinaire, etc., par Roret. Ens., 14 vol. br.

227. Aperçu des résultats obtenus de la fabrication des sirops et des conserves de raisins dans le cours des années 1810 et 1811, avec une Notice historique et chronologique du corps sucrant, par Parmentier. *Paris, Imp. Impériale*, 1712, in-8 br.

228. La Vénerie, par Jacques de Fouilloux; plusieurs recettes et remèdes pour guérir de diverses maladies, en date du 23 décembre 1560. *Poitiers, Jean et Enguilbert de Marnefz*, plus un f. cont. la Complainte du Cerf, par Guill. Bouchet; in-4, rel. v., fig. sur bois. (Manq. le titre et quelques ff.)

BELLES LETTRES.

1. — LINGUISTIQUE.

230. Hermès, ou Recherches philosophiques sur la grammaire universelle, traduit de l'anglais de Jacques Harris, avec des remarques et des additions par François Thurot. *Paris*, an IV; in-8, d.-rel.

231. Grammaire des Grammaires, ou Analyse raisonnée des meilleurs traités sur la langue française, par Ch.-Pierre Girault-Duvivier *Paris*, 1819; 2 vol. in-8, d.-rel.

232. Suite des grammaires française et latine, ou traduction littéraire des OEuvres d'Horace. *Paris*, 1787; 2 vol. in-8. d.-rel.

233. Encyclopédie méthodique, grammaire et littérature. *Paris*, 1782; 3 vol. in-4, v. m.

234. Eléments de grammaire générale, par Sicard. *Paris*, an VII; 2 vol. in-8, v. cc., fil.

235. Grammaire philosophique, ou la métaphysique, la logique et grammaire réunies en un seul corps de doctrine, par Dieudonné Thiébault. *Paris*, 1802; in-8 cart.

236. Principes généraux et raisonnés de la grammaire française, par Restaut. *Paris*, 1764; in-12, v. m.

237. La mécanique des langues et l'art de les enseigner, par Pluche. *Paris*, 1751; in-12, rel. mar. rouge, fil., tr. dor. — La rhétorique sur les règles de l'éloquence, par Gibert. *Paris*, 1749; in-12, rel. v. m. — Dialogues sur l'éloquence, par Fénelon. *Paris*, 1718; in-12, rel. v. — Réthorique, par Chenizot. *Paris*, 1752; in-12, rel. v. m., manus.

238. Traité de la formation méchanique des langues, et des principes physiques de l'étymologie, par le président de Brossses. *Paris*, 1765; 2 vol. in-12, v. m., pl.

239. Essai d'idéologie, ou Introduction à la grammaire générale, par Daube. 1805. — Idéologie expérimentale, ou Théorie des facultés intellectuelles de l'homme, établie sur les faits. 1821. Ens., 2 vol. in 8., d.-rel.

240. Dictionnaire étymologique des mots français dérivés du grec, par Morin. 1803 ; 1 vol. — Nouveau dictionnaire des rimes, par de Wailly et Drevet. 1812 ; 2 vol. Ens., 3 vol. in-8 bas.

241. Dict. de Trévoux, avec supp. *Paris*, 1752 ; 7 vol. in-fol., rel. v.

242. Dictionnaire universel français et latin, avec des remarques d'érudition et de critique, par Trevoux. *Paris*, 1743 ; 6 vol. in-fol., v. m.

243. Dict. complet français-hollandais et hollandais-français, par Marin. *Amst.*, 1743 ; 2 vol. in-4 rel.

244. Dict. franç. et latin, de J. Joubert. *Lyon*, 1745 ; in-4, v. — Dict. de d'Anet. In-4, v,

245. Dict. français-latin et latin-français, par Fr. Noël. *Paris*, 1809 ; 2 vol. in-8, rel. v.

246. Dictionnaire français-latin, par Noël. Id. Gradus ad Parnassum. *Paris*, 1838 ; 2 vol. in-8, bas.

247. Les vrais principes de la langue française, ou la parole réduite en méthode, conformément aux loix de l'usage, en seize discours, par l'abbé Girard. *Paris*, 1747 ; 2 vol. in-12, v. gr.

248. Leçons de grammaire française et exercices de style, par Sardou. *Paris*, 1845 ; gr. in-8 br.

249. Le génie de la langue française, ou Dictionnaire du langage choisi, par Goyer-Linguet. *Paris*, 1846 ; in-8, bas.

250. Des homonymes français, ou mots qui, dans notre langue, se ressemblent par le son et diffèrent par le sens, par Philipon-la-Madelaine. *Paris*, 1806 ; in-8, bas.

251. Dictionnaire français par ordre d'analogie, par P. A. Lemare. 1820 ; 1 vol. — Cours de lecture par le même. 1818 ; 1 vol. Ens., 2 vol. in-8 br. et rel.

252. L'art de parler et d'écrire correctement la langue française, ou Grammaire philosophique et littéraire de cette langue, par l'abbé de Lévisac. *Paris*, 1809 ; 2 t. en 1 vol. in-8, bas.

253. Maître italien, ou Grammaire française et italienne, de Veneroni. 1800 ; 1 vol. — Grammaire générale et raisonnée de Port-Royal, par Arnault et Lancelot. 1803 ; 1 vol. Ens., 2 vol. in-8, bas.

254. Guide de la conversation franç.-arabe, par J. H. Delaporte. *Alger*, 1837 ; in-4 br. — Catalogue des livres arabes, persans et turcs, impr. à Boulac en Egypte, par Bianchi. *Paris, impr. royale*, 1843 ; br. in-8.

255. Analyse des mémoires cont. dans le 11ᵉ vol. des Asiatic researches, par Langlès. *Paris*, 1825 ; in-4 br.

256. Le Camous, grand dict. arabe, de Firouz Abadi, expl. en turc par Acim Effendi, en 3 vol. gr. in-fol. Ed. de *Constantinople* de 1814 à 1817. (*Bel exempl.*)

257. Dict. franç.-wolof et franç.-bambara, par M. J. Dard. *Paris*, 1825 ; in-8, rel. v.

258. Elémens de la grammaire chinoise, ou Princ. génér. du Kou-vven, ou style antique et du Kouan-hoa, c'est-à-dire de la langue commune usitée dans l'empire chinois, par Abel Rémusat. *Paris, impr. royale*, 1822 ; in-4, pap. vél., cart.

259. Chrestomathie française, ou Littérature de l'enfance, par De Vinet. *Bâle*, 1833 ; in-8 br. — Le 21 Janvier, poëme italien et franç., de Monti. *Paris*, 1793 ; in-8 br.

260. Dict. franç.-turc et turc-franç., à l'usage des agents diplomatiques et consulaires dans le Levant, par Bianchi. *Paris*, 1846-50 ; 4 vol. in-8 br. (Exempl. compl.)

261. Grammaire et dictionnaire arabe, français et arabe. *Manuscrit* in-fol., rel. orientale.

262. Fabii Quintiliani institutionum oratoriarum libri duodecim, et brevibus notis illustrati a Carolo Rollin. *Parisiis*, 1741 ; 2 vol. in-12, v. br. — De l'éloquence, par Terri, 1789.

263. Quintilien : De l'Institution de l'orateur, traduit par l'abbé Gédoyn. *Paris*, 1803 ; 4 vol. in-12, bas.

264. Harangues choisies des historiens latins, traduction nouvelle. *Paris*, 1778 ; 2 vol. in-12, v. m.

265. De la manière d'enseigner et d'étudier les belles-lettres, par rapport à l'esprit et au cœur, par Rollin. *Paris*, 1765 ; 5 vol. in-12, v. m.

Le 5ᵉ vol. est un Suppl. de 1734, et la Lettre de M. Rollin à M. Gibert, etc., 1727.

266. Rhétorique française, par Crevier. *Paris*, 1765 ; 2 vol. in-12, v. m.

267. Cicéron. Divers volumes, savoir : Traduction des parti-
cules oratoires. 1756. — Pensées. — Divinations. — L'O-
rateur. — Entretiens. — Académiques. — Oraisons. —
Tusculanes, etc. Ens., 10 vol. in-12 rel.

268. Livre des orateurs, par Timon. *Paris*, 1847 ; 2 vol. in-12
br.

2. — POÉSIE, THÉATRES.

269. Q. Horatii Flacci carmina expurgata, notis ac perpetua
interpretatione illustravit Josephus de Jouvancy. *Parisiis*,
1696 ; 3 vol. in-12, v. br.

270. OEuvres d'Horace, traduites par Campenon et Desprès,
accompagnées du commentaire de l'abbé Galiani, précé-
dées d'un essai sur la vie et les écrits d'Horace, et de recherches sur sa maison de campagne. 1821 ; 2 vol. in-8,
bas., fil.

271. Les poésies d'Horace, traduites en françois (par l'abbé
Batteux). *Paris*, 1750 ; 2 vol. in-12, v. m.

272. P. Virgilii Maronis opera, interpretatione et notis illustravit Carolus Ruaeus ad usum Delphini. *Parisiis*, 1682 ;
in-4, tit. gr., vél.

273. Remarques sur Virgile et sur Homère et sur le style
poétique de l'Écriture-Sainte. *Paris*, 1705 ; in-12, v. br.

274. Métamorphoses d'Ovide, traduites en françois avec des
remarques et des explications historiques, par l'abbé Ban-
nier. *Paris*, 1757 ; 3 vol. in-12 v. m., figures.

275. Métamorphoses d'Ovide en Rondeaux d'Isaac Benserade.
Paris, Imp. Royale, 1676 ; in-4, fig. (Quelq. ff. au commen-
cement sont déchirés sans toucher aux fig.)

276. Junii Juvenalis satyrici... *Lugduni, Stephano Baynardo,*
1501 ; in-4 goth., v. br.
Exemplaire interfolié, avec des notes manuscrites.

277. Lettres à Émilie sur la mythologie, par de Moustier. *Paris*, 1786 ; in-8, bas.

278. Lucrèce, trad. de Lagrange, avec des notes. *Paris,*
1821 ; 2 vol. in-12, bas.
Texte en regard.

279. Connaissance des poëtes les plus célèbres, ou moyen
facile de prendre une teinture des humanités, contenant
la vie de chaque poëte. *Paris*, 1752 ; 2 vol. in-12, v. m.

280. Poétique de Voltaire, ou Observations recueillies de ses ouvrages. 1766, 1 vol. — Commentaires sur les tragédies et les comédies de Voltaire restées au théâtre, par Lepan. 1826, 2 vol. Ens., 3 vol in-8.

281. Alaric, ou Rome vaincuë, poëme héroïque, par de Scudéry. *Rouen, et se vend à Paris, Aug. Courbé*, 1659; in-12, fig.

282. OEuvres diverses du S^r D*** (Despréaux), avec le traité du sublime ou du merveilleux dans le discours, traduit du grec de Longin. *Paris*, 1683, in-12; tit. gr. et fig., v. br. *Édition rare.*

283. OEuvres meslées de M. Chevreau, (lettres et poésies). *La Haye*, 1697; 1 t. en 2 vol in-12 v. m.

284. OEuvres de Victorin Fabre, mises en ordre et augmentées de la vie de l'auteur, par J. Sabbatier. *Paris*, 1844; 2 vol. in-8 br.

285. Le Dit des trois pommes, légende en vers, du xive siècle, d'après le manus. de la bibliothèque du Roi, par G.-S. Trebutien. *Paris, Silvestre*, 1837; br. in-8.

286. La Rose et le Rossignol, allégorie orientale, trad. de l'arménien, par Levaillant de Florival. *Paris*, 1833; in-8 br.
Impr. sur papier rose.

287. Cantique à l'occasion de la naissance du roi de Rome, arabe et français, par Sabbagh et Silv. de Sacy. *Paris, Imp. Royale*, 1811, in-4 br. — Lettres des membres du Divan du Caire au général Bonaparte, arabe et français. *Paris*, 1811; in-4 br. — Charte impériale ottomane en turc et en français, par Bianchi. *Paris*, 1856; in-8 obl. br.

288. Couronne poétique de Napoléon-le-Grand, ou Choix de poésies composées en son honneur. *Paris*, 1807; in-8, portr., br.

289. Les Orientales, par Victor Hugo. *Paris*, 1845; 1 vol. — Fontenelle, ou la philosophie moderne, par Flourens. 1 vol. — De la Société première et de ses lois, ou De la Religion, par Lamennais. 1 vol. Ens., 3 vol. in-12 br.

290. Idée de la poésie anglaise, par Yart. *Paris*, 1753; 2 vol. in-12, rel. v.

291. Choix de poésies allemandes, par Huber. *Paris*, 1766;
4 vol. in-8, front. gr., v. m., fil.

292. Prose et rime di messere Giovanni della Casa, per l'ab-
bate Annibale Antonini. *Parigi*, 1727; in-12, v. m.

3. — ROMANS, CONTES, ETC.

293. Les Contes du Gay Scavoir : Ballades, tableaux et tra-
ditions du moyen-âge, publié par (Ferd. Langlé), ornés de
Vignettes et fleurons, imités des manuscrits originaux par
(Binington et Marmier), Imp. par Firmin Didot. *Paris*, 1828;
in-8, cart, (Fleurons color.).

294. Obermann, par Senancour, précédé d'une préface par
George Sand. *Paris*, 1845; in-12, br.

295. Il Decameron di Messer Giovanni Boccacci cittadino
fiorentino. *Amst.*, 1665; in-12, mar. vert, éd. Elzev.

296. Les nuits d'Young, par (Le Tourneur). *Paris*, 1770; 4
vol. in-8, rel. v. fig.

4. — PHILOLOGIE, CRITIQUE LITTÉRAIRE.

297. Traité du choix et de la méthode des études, par Claude
Fleury. *Paris*, 1740; in-12, v. m. Bonne édition.

298. Principes de la littérature, par l'abbé Batteux. *Paris*,
1774; 5 vol. in-8, v. rac., fil. (*Gr. pap.*).

299. Examen sérieux et comique des discours sur l'esprit
(par l'abbé de Lignac). *Amsterdam*, 1759; 2 vol. in-12,
v. m.

300. Des causes de la corruption du goût, par Mme Dacier.
Amsterdam, 1715; in-12, v. br.

301. Mélanges inédits de littérature de J.-B. de La Harpe,
recueillis par de Salgues, pouvant servir de suite au
cours de littérature. 1810; 1 vol. — Tableau historique
de l'état et des progrès de la littérature française, depuis
1789, par de Chénier. 1816; 1 vol. Ens. 2 vol. in-8, bas.

302. Mélanges de littérature, d'histoire et de philosophie.
Amsterdam, 1770; 5 vol. in-12, v. m.

303. Essai sur la vie de M. Thomas, de l'Académie française,
par Deleyre. *Paris*, 1791; in-8, d.-rel.

304. Leçons latines de littérature et de morale, par Noël et Delaplace. *Paris*, 1808; 2 vol. in-8, d.-rel.

305. L'année littéraire, année 1772, par Fréron. *Paris*, 1772; 4 vol. in-12, v. m.

Cette année 1772 est très-intéressante.

306. Tableau littéraire de la France pendant le xviiie siècle, par Jay. *Paris*, 1810; in-8, d.-rel.

307. L'esprit du marquis d'Argens, ou Recueil de pensées philosophiques tirées de ses ouvrages. *Berlin*, 1775; 2 vol. in-12, v. m.

308. Dictionnaire de morale, de science et de littérature, par Capelle. *Paris*, 1810; 2 vol. in-8, bas.

309. Études littéraires et morales sur les historiens latins, par Laurentie. *Paris*, 1822; 2 vol. in-8, bas.

310. Rapport historique sur les progrès de l'histoire et de la littérature ancienne depuis 1789, et sur leur état actuel, par Dacier. *Paris, Imp. impériale*, 1810; in-8, br.

311. Mélanges de littérature, par Suard, 1803; 3 vol. — Mémoires pour servir à l'histoire de notre littérature depuis François Ier jusqu'à nos jours, par Palissot. 1803; 2 vol. Ens. 5 vol. in-8, bas.

312. Mémoires historiques sur la vie de Suard, sur ses écrits, et sur le xviiie siècle, par Joseph Garat. *Paris*, 1820; 2 vol. in-8, d.-rel.

313. Saillies d'esprit, ou Choix curieux de traits utiles et agréables pour la conversation, par Gayot de Pitaval. *Paris*, 1726; 2 tom. en 1 vol. in-12, v. br.

314. OEuvres choisies de Saint-Évremont, faisant suite aux œuvres choisies de Saint-Réal, par Desessarts. *Paris*, 1804; in-12, bas, fil.

315. OEuvres mêlées (hist. des vestales, du luxe des Romains; dissert. sur les lois des anciens; poésies, théâtre, etc.) de l'abbé Nadal. *Paris*, 1738; 3 vol. in-12, fig., v. m.

316. OEuvres de Jean-Baptiste Rousseau. *Bruxelles, et se vend à Paris*, 1753; 4 vol. in-12, v. m.

317. OEuvres complettes d'Alexis Piron, publiées par Rigoley de Juvigny. *Paris*, 1776; 9 vol. in-12, d.-rel.

318. OEuvres de Voltaire, avec des notes et des observations critiques, par Palissot. *Paris*, 1802 ; 55 vol. in-8, bas. (*Édition rare.*)

319. OEuvres choisies et posthumes de La Harpe. *Paris*, 1806 ; 4 vol. in-8, portr., bas.

320. Voltaire, édit. de Genève, 1757, 25 tom., publ. en 27 vol. in-8, rel. v. en fil. (Bel exemplaire.)

321. Les œuvres du P. Rapin, qui contiennent les comparaisons des grands hommes de l'antiquité, qui ont le plus excellé dans les belles-lettres, aug. du poëme des Jardins. *Amst.*, 1709 ; 3 vol. in-8, v. br.

322. Les œuvres de Diderot, édit. publiée par Naigeon. *Paris, an VIII;* 15 vol. in-12, d.-rel.

Les tomes 13, 14, 15 contiennent les Salons de 1765 à 1767, la Peinture en cire, etc.

323. OEuvres complètes de l'abbé Mably. *Paris*, 1797 ; 12 vol. in-8, d.-rel.

324. Lettres de Cicéron, traduites en français par l'abbé Prevost, avec des notes par Goujon. *Paris*, 1801 ; 6 vol. in-8, d.-rel.

325. Lettres à Voltaire, par Clément. *La Haye*, 1773 ; 4 vol. in-8, bas.

326. Les lettres de Pline le jeune. *Paris*, 1760 ; 2 vol. in-18. v. m.

327. Lettres de Mme du Montier à la marquise de ***, sa fille (relatives à l'état du mariage), avec les réponses. *Lyon*, 1756; in-12, v. m.

328. L'art épistolaire, ou Dialogues sur la manière de bien écrire les lettres, par Jauffret. *Paris.* 1802 ; 3 vol. in-12, bas.

HISTOIRE.

1. — GÉOGRAPHIE, VOYAGES, HISTOIRE UNIVERSELLE, A. M.

329. Les rudiments de l'histoire, ou Idée générale et précise des peuples les plus célèbres, tant anciens que modernes, pour servir d'introduction à leur histoire, par Louis Domairon. *Paris*, 1801 ; 4 vol. in-12, bas.

330. Mappemonde dressée par Robert. 1749 ; in-fol. cart.

331. Mappemonde : Europe, Asie, Afrique, Amérique, par Delamarche. — Théâtre des guerres du continent, par Denis et Hérisson. 1804-6 ; 5 cartes géogr.

332. Voyage dans l'Afrique occidentale, par W. Gray. *Paris,* 1826 ; in-8, br. — Rel. de l'arrivée dans la rade d'Alger du vaisseau la Provence ; excursions dans les environs et récit sur la conquête de l'Algérie, par Bianchi. *Paris, 1830 ;* in-8 br. Quelq conseils à un jeune voyageur, par d'Itaut. *Paris,* 1826 ; in-8 br.

333. Voyage à l'embouchure de la mer Noire, ou Essai sur le Bosphore, etc., par le comte Andréossy. *Paris, 1818 ;* 2 vol. in-8. — Relation d'un séjour à Beyrouth et dans le Liban, par H. Goys. *Paris,* 1847 ; 2 vol. in 8 br. — Hist. comp. des événem. de la Grèce, par Raffenel. *Paris, 1825 ;* 3 vol. in-8, br. cart

334. Voy. d'un Américain à Londres, ou Esq. sur les mœurs, par de Washington. *Paris,* 1827 ; 2 vol. in-8 br. — Souvenir des Antilles en 1815-16. *Paris,* 1818 ; 2 vol. in-8 br.

335. De l'origine des loix, des arts et des sciences, et de leurs progrès chez les anciens peuples, par Goguet. *Paris,* 1758 ; 2 t. en 1 vol. in-4, v. m.

336. Précis de l'histoire universelle, ou Tableau historique, par le cit. Anquetil. *Paris,* 1801 ; 12 vol. in-12, bas.

337. Tableau chronologique de l'histoire moderne, depuis la prise de Constantinople par les Turcs, jusqu'à la révolution française (1453-1789), par Michelet. *Paris,* 1826, in-8. — Discours de M. Thiers prononcés dans la discussion de la Constitution 1848 ; in-8. Ens., 2 br.

338. L'esprit de l'histoire, ou Lettres politiques et morales d'un père à son fils, par Ant. Ferrand. *Paris,* 1809 ; 4 vol. in-8, d. rel.

339. L'origine des loix, des arts et des sciences, et de leurs progrès chez les anciens peuples, depuis le déluge jusqu'à la mort de Jacob, par Charles-Pierre Girault-Duvivier. *Paris,* 1759 ; 6 vol. in-12. v. m.

340. Méthode pour étudier l'histoire, avec un catalogue des principaux historiens, par l'abbé Lenglet du Fresnoy. *Paris,* 1772 ; 15 vol. in-12, v. m.

341. **Méthode** pour étudier l'hist., par Lenglet du Fresnoy. *Paris*, 1729; 4 vol grand in-4, fig., rel. v.

342. **Hist.** ancienne, par Rollin. *Paris, Ve Estienne*, 1740; 6 vol. in-4, rel. v., port. et cartes.

343. **L'expédition** de Cyrus dans l'Asie supérieure et la retraite des dix mille, traduit du grec avec des notes par Larcher. *Paris*, 1778; 2 vol. in-12, v. m., carte.

344. **Quinte-Curce**, ou Vie d'Alexandre le Grand, par P. du Ryer. *Paris*, 1655; in-4, rel. v.

345. **Hist.** des premiers temps de la Grèce, depuis Inachus jusqu'à la chute des Pisistratides, etc., par Clavier. *Paris*, 1809; 2 vol. in-8 br. cart.

346. **Hist.** romaine, dep. la fondation de Rome, par Fr. Catrou et J. Rouillé. 1725-38; 20 vol in-4, rel. v. fauve, fig.

347. **Nouvelle** traduction de l'abrégé historique de Justin, par l'abbé Favier. 1734; in-12, v. br., cartes.

348. **Discours** historiques, critiques et politiques, sur Tacite, traduits de l'anglais de Th. Gordon, par D. S. L *Amst.*, 1751; 3 vol. in-12, v. m.

349. **Hist.** abr. des empereurs romains et grecs, des impératrices, des césars et des tyrans, par Beauvais. *Paris*, 1767; 3 vol. in-12. — Hist. de Scipion l'Africain. *Paris*, 1738; in-12. — Explic. des cout. et des cérém. obs. chez les Romains *Paris*, 1741; in-12, rel. v.

350. **Vie** des emp. Tite-Antonin et Marc-Aurèle, par Gauthier de Sibert. *Paris*, 1769; pet. in-8 rel.

351. **L'Europe**, par N. Sanson. *Paris*, 1647; in-4, rel. vél., cart.

352. **Nouvelles** histoires et paraboles, par Champion de Nilon. *Paris*, 1788; in-12, bas.

353. **Le Spectateur**, ou le Socrate moderne, où l'on voit un portrait naïf des mœurs de ce siècle, traduit de l'anglais. *Paris*, 1754; 9 vol. in-12, v. m., fil.

2. — HISTOIRE DE FRANCE.

354. **La Fleur** et Mer des histoires. *A Paris, en la boutique de Gailot Dupré*, 1536, 2 t. en 1 vol. in-fol., caract. goth. franç., fig. sur bois. (Manq. quelques feuilles).

355. État de la France, par de Boulainvilliers. *Londres*, 1737; 6 vol. in-12, port. État militaire. 1761; in-12, rel. v. Cons. sur le gouvernement de la France *Amst.*, 1765; in-8, rel. v. La Noblesse consid. sous ses div. rapports, par Chérin. *Paris*, 1788; in-8 br. — Essai sur l'éducation de la noblesse. *Paris*, 1748; 2 part. en in-8 rel. v.

356. Carte de France pour le service du génie militaire. In-4, 182 f. div. en 4 part. Collé sur toile.

357. Nouv. Voyage en France, par Piganiol de la Force. *Paris*, 1755; 2 vol. in-12, rel. v., fig. — Guide des Chemins de la France. *Paris*, 1768, in-18, rel. v.

358. Hist. du procès du chancelier Poyet. *Londres*, 1776; in-8, rel. v.

359. Abr. chronol. des grands fiefs de la couronne de France, avec la chronol. des princes et seigneurs. *Paris*, 1785; p. in-8, rel. v.

360. Hist. chronol. de la grande chancellerie de France, par Abr. Tessereau. *Paris*, 1676-1706; 2 vol. in-fol. non rel.

361. Traité de la majorité de nos rois et des régences du royaume. *Amst*, 1722; in-8, rel. v.

362. Tr. de la chancellerie et gardes des sceaux de France, par Pierre de Miraulmont. *Paris*, 1610; in-8 rel.

363. Mém. de Choisy, d'Anne de Montmorency et autres. Ens., 10 vol., in-12, rel. v.

364. Rec. de diverses pièces pour servir à l'hist. 1639; in-4, rel. v.

365. Négociations ou Lettres d'affaires ecclésiastiques, écrites au pape Pie IV, par Hipp. d'Est. *Paris*, 1650; in-4, rel. v.

366. Libertés de la France contre le pouvoir arbitraire de l'excommunication, par Mlle Clai***. *Amsterdam*, 1761; in-12, vél.

367 Nouvelles Instructions sur l'Histoire de France, par Vetour. *Paris*, 1786; in-12 v. m., pap. fort.

368. Abrégé des révolutions de l'ancien gouvernement français, ouvrage élémentaire extrait de l'abbé Dubos et de l'abbé Mably, par Thouret. *Paris*, 1800; in-12, d. rel.

369. Mémoires sur la Révolution franç., l'Empire, la Restauration, etc. Env. 100 br. diverses et liv.

370. Rochefort. Mém. de M. L. C. D. R., cont. ce qui s'est passé sous le cardinal Richelieu, etc. *La Haye*, 1691; in-12, rel. v. f. — La Fare. Mém. de M. L. M. D. L. F. *Amst.*, 1734; in-12, rel. v.

371. Journaux des siéges, entrep. par les alliés en Espagne pendant les années 1811-12, par John T. Jones. *Paris*, 1821; in-8 cart., fig.

372. Compte rendu aux chambres, par le présid. Rolland. 1763; in-4. v.

3. — HISTOIRE DES PROVINCES DE FRANCE.

373. Cartes départementales d'après le décret de 1790 : Aisne, Bas-Rhin, Indre-et-Loire, Haut-Rhin, Oise, Seine-et-Oise, Pas-de-Calais, Nord, Meuse, Meurthe, Moselle, Landes. — Dictionnaire géographique de Vosgien. In-8, bas.

374. Nouveau dénombrement du royaume par généralités. *Paris*, 1735; 2 part. en 1 vol. in-4, rel. v.

375. Mémoire historique et critique sur la topographie de Paris (Hôtel de Soissons). *Paris*, 1771; in-4, br.

376. Les curiosités de Paris et de ses environs, par E. A. P. *Paris*, 1806; 2 vol. in-12, d.-rel.

377. Tableau de Paris (par Mercier). *Amsterdam*, 1783; 12 vol. in-8°, br.

378. Description du château de Versailles, de ses peintures, etc. *Paris*, 1696; in-12, rel. v.

379. État ecclésiastique et civil du diocèse de Soissons. *Compiègne*, 1783; in-8, rel. v. cart.

380. Histoire de la ville de Reims, par Anquetil. *Reims*, 1756; 3 vol. in-12, 12 vol., rel. v.

381. Coustumes du bailliage de Vermandois, en la cité, ville, baillieue et prevosté foraine de Laon, par Ch. de Thou. *Reims*, 1610; in-4, rel. vél.

382. Histoire de l'Église de Meaux, avec les notes par C. du Plessis. *Paris*, 1731, 2 vol. in-4, rel. v.

383. Commentaire sur les coutumes générales du bailliage de Meaux (par J. Bobé). *Paris*, 1693; in-4, rel. v.

384. Précis de la Statistique du département de la Marne, par J. Chatelle. *Chalons*, 1844; 2 vol. in-8, br.

385. Pouillié général contenant les bénéfices de l'archeves-ché de Reims, etc. *Paris*, 1644; in-4, rel v. (Titre rac.)

386. Coutumes de Vitry-le-François, comm. (par Ch. de Salligny). *Chaalons*, 1676, in-4, rel. v.

387. Plan de Paris, par Brion, 1783. — Plan de Paris, par Maire, 1822. — Carte de l'Empire français et d'Italie, gravé par Tardieu, 1814; ensemble, 3 belles cartes color. sur toile, etc.

388. Essais historiques sur Paris (par de Sainte-Foix). 1766; 5 vol. in-12, rel. v.

389. Les Antiquitez de la ville de Paris, par Claude de Malingre. *Paris*, 1640; in fol. (m. état).—Géographie parisienne, par Teisserent. *Paris*, 1754, in-12, rel.

390. La Réalité du projet de Bourg-Fontaine (dans la forêt de Villers-Cotteret), démontrée par l'exécution. *Paris*, 1755; 2 vol. in-12, v. br.

391. Jo.-Jac Chiffletu virontis, civitas imperialis libera Sequanorum metropolis, illustrata. *Lugduni*, 1618; in-4, rel. v.

392. Histoire du pays et du duché de Nivernois (par Guy Coquille). *Paris*, 1622; in-4, rel. vél.

393. Description de la France, département du Rhône, gouv. de Dauphiné. *Paris*, 1782, in-fol. demi-rel.

4. — HISTOIRE DES PAYS ÉTRANGERS.

394. Les Délices des Pais-Bas, cont. une descrip. des 17 provinces. *Brusselle*, 1711; 3 vol. in-12, rel. v., cart. et fig.

395. Hist. gén. d'Espagne, du P. J. de Mariana, trad. par J.-N. Charenton. *Paris*, 1725; 5 t. en 6 vol. in-4, rel. v. fig.

396. Hist. de Suisse, par de Pufendorff. 3 vol. in-12. — Introduction à l'Hist. de l'Univers. *Amst.*, 1732; 9 vol. in-12, rel. v., portr. — Les Devoirs de l'homme, trad. par J. Barbeyrac. *Londres*, 1711; 2 vol. v. — Mémoire pour servir à l'Hist. universelle de l'Europe de 1600 en 1716. *Paris*, 1727; 4 vol. in-12, rel. f.

397. Chronique de Milan en latin. *Mediolani, s. d.*, in-fol. Superb. imprimé.

398. Hist. de l'Empire, par Heiss. *Paris*, 1730; 3 vol. in-4, rel. v.

399. Hist. gén. de Portugal, par Lequien de la Neufville. *Paris*, 1700; 2 vol. in-4, rel. v., vign.

400. État. gén. de l'empire Otoman, par De la Croix. *Paris*, 1695, 3 vol. in-12, rel. v. — Hist. de l'empire Otoman, par Dem. Cantinué. *Paris*, 1743; 4 vol. in-12, rel. v.

401. Trad. turque de l'Hist. de l'impératrice Catherine II de Russie, d'après Castera, par Argyropoulo. *Au Caire*, 1246 de l'hégire (1830). Impr. en arabe; curieux recueil.

402. Mémoires et Voyages sur la Suisse, en Calabre, en Angleterre, etc., par de Custine. *Paris*, 1830, 2 vol. in-8 br.

403. Angleterre, ou Tableau des mœurs, usages, armes, habillements, etc., par J. Strustt; trad. par Boulard. *Paris*, 1789; 2 vol. in-4, rel. v., pl. et fig.

404. Londres et les Anglais, par J. Constant de Ferri. *Paris*, an XII; 4 vol. in 8 br. — Essai hist. sur Richard III, par Rey. *Paris*, 1818; in-8 br. — L'Angleterre vue à Londres et dans ses provinces, par Pillet. *Paris*, 1815; in-8 br. — Voïage en Angleterre. In-4, manuscrit.

405. Hist. de l'Égypte sous Mouhammed-Aly, par Mengin et Lenglès. *Paris*, 1823; 2 vol. in-8 br.

406. Esquisse de l'État d'Alger, par Wil. Shaler et Bianchi. *Paris*, 1830; in-8 br., pl. — Traité des esclaves en Afrique, par Buxton et Pacaud. *Paris*, 1840; in-8 br. — De la Littérature des nègres, par Grégoire. *Paris*, 1808; in-8, d.-rel.

407. Premier Annuaire Ottoman, par Bianchi. *Paris*, 1848; in-8 br. — Itinéraire, ou Constantinople à la Mecque, extr. d'un ouvr. turc; trad. de Bianchi, in-4 br. — La France et l'Europe, Mélanges, etc. Div. br. — Hist. des Croisades et des Chevaliers de Malte. 2 vol., etc.

408. Précis de l'Histoire de l'Hindoustan, contenant l'établissement de l'empire Mogol, ses progrès et sa décadence, etc., par Pasquier. *Paris*, 1843; in-8 br.

409. Diverses brochures, dont : Précis historique sur la colonie française au Goazacoalcos, par Mansion. — L'Obélisque de Louqsor transporté à Paris, notice par Champollion-Figeac. — Discours sur la perfectibilité de l'homme, par Andrieux, etc. Ens. 8 br. in-4 et in-8.

410. Forfaits des jésuites au Paraguay, extrait du mémorial présenté au roi d'Espagne, etc. *Au Paraguay*, 1759; in-12 v. m.

5. — ARCHÉOLOGIE, MÉLANGES HISTORIQUES, NOBLESSE ET BLASONS.

411. Manuel d'archéologie, par Barthélemy de Curé. *Bonnon*, 1840; in 8 br., pl.

412 Roma antica di famiano nardini, alla santita di N. S. Clementi XI. *Roma*, 1704 ; in-4, rel. v., fig.

413. Nouveau Recueil historique d'antiquités grecques et romaines, en forme de dictionnaire, par Furgault. *Paris*, 1768; in-12, v. m.

414. Instructions du Comité historique des arts (Indépendance Gauloise), monuments romains, chrétiens, style bizantin, civilisation chrét., styles roman et gothique, architecture militaire au moyen âge, musique. *Paris, Impr. Royale*, 1839 ; 4 vol. in-4 br., fig.

415. Congrès archéologique de France; séances tenues à *Moulins, Châlons-sur-Marne, Aix* et *Avignon*, etc.; avec monuments historiques. *Paris*, 1856; 2 vol. in-8 br. fig.

416. Précis hist. de l'ordre royal hospitalier militaire, du Saint-Sépulcre de Jérusalem, par le comte Allemand. *Paris*, 1815; in-12 br. — Rech. hist. de l'ordre du Saint-Esprit, avec les noms, qualités, blazons, etc., statuts et ordonn. de l'ordre du Benoist-Saint-Esprit, par Du Chesne. *Paris*. 1689-95 ; in-12, rel. v.

417. Hist. des ordres de Notre-Dame-du-Mont-Carmel et de St-Lazare de-Jérusalem, par Gautier de Sibert. *Paris, Impr. Royale*, 1772 ; in-4, rel. v., fig.

418. Hist. généalogique et chron. de la maison royale de
France, des pairs, etc., par le P. Anselme. *Paris*, 1726-33;
9 vol. in-fol. m., état, blasons (manquent les t. VI, VIII).

419. Tr. de l'ad. des bois de l'ordre de Malte. *Paris*, 1757:
in-4, v. fauve. (Aux armes.)

420. Les présidents au mortier au parlement de Paris; leurs
emplois, charges, qualités, armes, blasons et généalogies,
par Fr. Blanchard. *Paris*, 1647 ; in-fol., fig., rel. vél.

421. Hist. généalogique de la maison de Chastillon-sur-Marne.
Paris, 1621 ; in-fol. (Fatig.)

6. — HISTOIRE LITTÉRAIRE, BIOGRAPHIE, MÉLANGES ENCYCLOPÉDIQUES.

422. Voyage hist. et littéraire en Angleterre et en Ecosse,
par Am. P.chot, portr., vues, etc. *Paris*, 1825; 3 vol. in-8,
et atlas br.

423. Congrès scientifique de France, 13e sessions. *Paris.
Reims*; 1846, in-8 br.

424. Histoire de l'Académie françoise, par Pelisson et d'Oli-
vet. *Paris*, 1743, 2 vol. in-12. v. m.

425. Nouvelle Bibliothèque d'un homme de goût, par Bar-
bier et Desessarts. *Paris*, 1808; 5 vol.; suppl., 1 vol. Ens.,
6 vol. in-8 cart., non rog.

426. Bibliographie instructive ou Traité de la connaissance
des livres, par G.-F. De Bure. *Paris*, 1765; 7 vol. in-8.
rel. v. (Bel exemplaire).

427. Supp. à la Bibliographie instructive, ou Catalogue des
livres du cabinet de M. L.-J. Gaignat. *Paris*, 1769; 2 vol.
in-8, rel. v.

428. Dict. typographique, hist. et critique des livres rares,
par J.-B.-L. Osmont. *Paris*, 1768; 2 vol. in-8, rel. v.

429. La Bibliothèque française, de Sorel, ou choix des meilleurs livres de notre temps. *Paris*, 1667. in-12 br.

430. Manuel du libraire et de l'amateur de livres, par J.-Ch.
Brunet. *Paris*, 1820; 4 vol. in-8 bas.
Le 4e volume est interfolié de papier blanc

431. Dict. hist., ou mélange curieux de l'Histoire sacrée et profane, par Moreri. *Paris*, 1725; 6 vol. in-fol., rel. v.

432. Dict. historique et critique. *Amsterdam*, 1734; 5 vol., rem. crit. sur le dict. — OEuvres de Pierre Bayle. *La Haye*, 1727, 4 vol. *Paris*, 1752; ms., 10 vol. in-fol., rel. v.

433. Eloge de d'Argenson. *Paris*, 1765; in-8 rel., portr. — Eloge du président Jeannin. *Paris*, 1766; in-8, rel. v.

434. Mém. sur la vie de J.-A. de Thou. *Rotterdam*, 1711; in-4, rel. v.

435. Mémoire pour l'hist. des sciences et des beaux-arts. comm. en 1701, à Trévoux. 250 vol. in-12, rel. et br. (Pas complet).

436. Le Conseiller du Peuple et le Civilisateur, histoire de l'humanité par les grands hommes, par de Lamartine. 1852 et autres années. Ens , 8 années en livraisons.

437. ENCYCLOPÉDIE MÉTHODIQUE. *Paris, Panckoucke*, 1782-92.
Amusements des sciences (mathém. et phys.). 1 vol., rel bas., 86 pl.

Arts académiques, équitation, escrime, danse et art de nager. In-4 cart.

Arts et métiers mécaniques. 8 t. in-4 en 16 part., cart. 1,509 pl.

Art militaire. 6 part. in-4 cart.

Beaux-arts. 2 vol. in-4 et 1 vol. de 115 pl., rel. v.

Commerce. 3 t. in-4 en 6 part., cart.

Economie politique. 4 t. in-4 en 8 part., cart.

Finances. 3 t. en 4 part., cart.

Géographie moderne 3 t. in-4, rel. bas.

Grammaire et littérature. 3 t. in-4, rel. bas.

Hist. 5 t. in-4, rel. bas.

Hist. naturelle des animaux, quadrupèdes, oiseaux, serpents. 2 vol. in-4, rel. bas, et 1 vol., pl.

Logique métaphysique et morale. 4 t. in-4, rel. bas.

Manufactures, arts et métiers. 3 t. in-4 en 6 part., cart., pl.

Marine. 3 t. in-4 en 6 part., cart., 173 pl.

Mathématiques, dict. des jeux, 3 t. in-4, rel. bas.

Théologie, 3 t. in-4 en 6 part. Architecture, 2 vol. Assemb constituante, 1 vol. Antiquité, 8 vol. Chirurgie, 3 vol. Géographie ancienne, 5 vol. Hist. nat. des vers, 4 vol. Insectes, 7 vol. Jurisprudence, 11 vol. Méde ine, 10 vol. Musique, 1 vol. Mythologie et Philosophie, 5 vol. Physique, 4 vol. Poissons, 1 vol. Pl. des pêches, 1 vol. Syst. anatom. 1 vol. Ens., 62 vol. in-4 cart.

SUPPLÉMENT

438. L'Imitation de Jésus-Christ, trad. et paraph. par P. Corneille. Imp. à *Rouen*, par Maury, pour Rob. Ballard. 1656, 1 vol. in-4, mar. br. dent., fig. (rel. anc. réparée).

439. Lettres provinciales, par B. Pascal. *Paris*, Didot, 1849, in-12, dem. v. bl., port.

440. L'Anatomie de l'homme, par Dionis. *Paris*, 1698, in-8, mar. r., tr. dor., fil. dent. (Plusieurs pages tach.).

441. La Pisciceptologie, ou l'Art de la pêche. *Paris*, Corbet, 1823, in-12, br.

442. Élégies de Properce, par Delonchamps. *Paris*. Duprat, 1802. fig. de Marillier. 2 vol. in-8, cart.

443. Joseph, par Bitaubé. *Paris*, Dentu, 1 vol. in-18, grav. de Marillier. — Poésies galliques, trad. par B. Lormian. *Paris*, Didot, 1804, in-18, dem.-rel.

444. La Favola di Circe, rep. in un ant. bassorilievo di marmo. In *Roma*, 1758, in-4, vél., fig.

445. Vie de Molé, comédien français. *Paris*, 1803, in-12, dem.-rel.

446. OEuvres de théâtre de Saint-Foix. *Paris*, 1774, 3 vol. in-12, v. m., fil. tr. dor. (Armes.)

447. Contes de Boccace. *Londres*, 1779, 10 vol. in-12, v., fig. de Gravelot, Boucher, etc.

448. La Jérusalem délivrée, trad. en vers, par Baour-Lormian. *Paris*, 1819, 3 vol. in-8, dem.-rel. grav. aj.

449. Dictionnaire portatif, contenant les anecd. hist. de l'amour. *Paris*, 1788, 2 vol. in-8, bas.

450. Lycée, ou Cours de Littérature, par de La Harpe. *Dijon*, 1821. in-12, 16 vol., dem.-rel.

451. OEuvres compl. de Legouvé. *Paris*, Janet, 1826, 3 vol. in-8. br. — OEuvres choisies de Marsollier. *Paris*, Aubrée, 1335, 3 vol. in-8, br.

452. OEuvres compl. de Palissot. *Paris*, Collin, 1809, 6 vol. in-8, dem.-rel.

453. OEuvres choisies du s^r Rousseau. *Rotterdam*, 1720, 3 part. en 1 vol. in-12, v. b., fig. — Anti-Rousseau (par Gacon). *Rotterdam*, 1712, 1 vol. in-12, v. l.

454. Bossuet, Histoire universelle ; — B. de Saint-Pierre, Études de la nature. — Boileau, OEuvres. Coll. Didot. Ens. 3 vol. in-12. br.

455. L'Innocence du premier âge en France. *Paris*. Ruault, 1774. in-18. dem.-rel., fig.

456. États formés en Europe après la chute de l'emp. rom. en Occ., par d'Anville. *Paris*, I. R., 1771, in-4, carte, v., gr. fil.

457. Louis XI et le Pless-is les Tours, par MM. le Ch. Louyrette et le C. de Croy. *Tours*, 1841, gr. in-8, br., fig.

458. Voyage à l'isle d'Elbe, par A. Thiébaut de Bernaud. *Paris*. 1808, in-8. cart. et fig. bas.

459. Relation d'un voyage fait à Londres en 1814, par Roux. *Paris*. 1815, in-8, br.

460. Voyage en Angleterre et en Écosse, par Am. Pichot. *Paris* 1825, 3 vol. in-8, fig. dem.-rel. v. fr.

461. Histoire d'Irlande, par Gordon, 3 vol. in-8, br. — Histoire de la révol. d'Irlande, in-12, v. m. — Mém. sur l'Irlande, par O'Connell, in-8, br.

462. Fêtes et Courtisanes de la Grèce. *Paris*, Barba, 1803. 4 vol. in-8. br., fig.

463. Description de Siam, par M. de la Loubère. *Amsterdam*. 1714, 2 vol. in-12, v.

464. Faits mém. des empereurs de la Chine. — Abrége histor. des princ. traits de la vie de Confucius. *Paris*. 1788, 48 pl. gr. par Helman, in-4, cartonné.

465. L'Algérie ancienne et mod., par L. Galibert. *Paris*, Furne. 1843-44, gr. in-8, cart. et fig. n. et col., br.

466. Mémoires pour servir à l'hist. des exp. en Égypte et en Syrie, par Miot, in-8, v. rac., dent. — Conquête des Français en Égypte, in-8, cart., bas.

467. Voyage dans la basse et haute Égypte, par Denon. *Londres*. 1802, 2 vol. in-4 et atlas in-fol cartonné.

468. Mémoires de John Tanner, ou Trente ans dans les deserts de l'Amérique du nord. *Paris*, 1835, 2 vol. in-8, br.

469. Voyage au pôle boréal, fait en 1772, par Philipps, trad. de l'anglais. *Paris*, 1775, in-4, cart. et fig., mar. r., fil. tr. dor. (Derome.)

470. Biographie maritime, par Hennequin. *Paris*, 1835-37, 3 vol. in-8. 2 vol. dem.-rel., mar. v. Le 3e en livraisons.

471. Histoire de sainte Radegonde et de la cour de Neustrie, par le vicomte de Bussière. *Paris*, 1850, in-8. br. — Histoire de Blanche de Castille, par Mlle Vauvilliers. *Paris*, Paulin, 1841, in-8, 2 vol. br.

472. Hist. de la Chevalerie, par Gassier. Hist. et voy. divers. Ens. 37 vol. in-8, rel. et br.

473. Hist. des Ordres royaux hospitaliers-militaires de Notre-Dame-du-Mont-Carmel, par Gautier de Sibert, 2 vol. in-12. Classique hist. Ensemb. 66 vol. in-12 et in-18, rel. et br.

RENOU et MAULDE, imprimeurs de la Compagnie des Commissaires-Priseurs, rue de Rivoli, 144   6235